AF498026

LA NOUVELLE ÉGLISE DE FOURVIÈRE

LA NOUVELLE

ÉGLISE DE FOURVIÈRE

D'APRÈS LES PLANS EXPOSÉS

APPRÉCIATION ANALYTIQUE

PAR

Ch. VAYS

LYON

TYPOGRAPHIE D'AIMÉ VINGTRINIER

Rue de la Belle-Cordière, 14

1866

NOUVELLE ÉGLISE DE FOURVIÈRE

UNE grande et généreuse pensée, une pensée toute lyonnaise, celle d'élever sur la colline qui lui est consacrée, un sanctuaire monumental en l'honneur de Marie, est sur le point de recevoir un commencement d'exécution.

On ne peut plus se dissimuler maintenant qu'il entre véritablement dans les vues de la Providence que la dévotion à Notre-Dame de Fourvière doit compter désormais deux phases bien distinctes. La première nous paraît être celle où l'on éleva tout d'abord un modeste autel à Notre-Dame de Bon-Conseil, dans la toute petite chapelle primitive agrandie et prolongée au siècle dernier par l'architecte Ferdinand Delamonce, telle enfin que nous la voyons actuellement. La seconde phase est celle qui de notre temps a vu consacrer par l'Eglise la plus précieuse prérogative de la Mère de Dieu : son immaculée conception, puisque c'est à ce privilége insigne que l'humble et bienheureuse Vierge a dû l'honneur si grand de sa maternité divine.

Notre Ville ne pouvait se montrer indifférente à cette manifestation de la volonté du Très-Haut dans la glorification de sa très-sainte Mère, et après l'avoir saluée par treize anniversaires d'une splendeur peut-être sans exemple dans l'histoire des peuples catholiques, nous devions, à la Vierge conçue sans péché, un temple qui répondit, par sa magnificence, à la grandeur du mystère dont nous avons voulu consacrer solennellement la mémoire. Aussi était-il permis de considérer comme essentiellement transitoire et insuffisante la transformation de l'antique campanile effilé, qui pour les Lyonnais était véritablement *le clocher de Fourvière*, et que beaucoup de personnes ont regretté.

Cette petite flèche en briques a disparu et a fait place à une sorte de construction prétentieuse, d'un goût équivoque, au sommet de laquelle on a eu l'idée de placer la statue de la Vierge sans tache.

Il est vraiment regrettable que le souvenir de l'acclamation du dogme de l'Immaculée Conception dans notre ville ait provoqué l'exhibition d'une œuvre de si peu de mérite (1).

(1) Espérons que l'architecte du projet trouvera le moyen, tout en donnant dans ce sens satisfaction complète à l'opinion, de concilier le respect des souvenirs avec toutes les exigences de son art.

Toutefois ce témoignage hâtif d'une dévotion prise à l'improviste par la rapidité et la spontanéité des événements, devait avoir son correctif obligé dans les nouveaux projets de sanctuaire que tout le monde connaît à présent, et que nous nous proposons d'examiner dans quelques considérations.

L'œuvre magistrale exposée depuis quelque temps par la Commission, dans la salle des Pas-Perdus de l'Archevêché, suffirait seule à illustrer une époque; et s'il nous est donné de la voir achevée, ce sera pour notre religieuse cité un des plus précieux titres de gloire. Cette étude, si complète dans son ensemble, si splendide dans sa décoration, mettra fin, nous l'espérons, à toutes ces tentatives de restaurations partielles qui se produisent à chaque évènement venant marquer son passage dans les fastes de la dévotion à la sainte Vierge, et qui ont transformé le vieux sanctuaire sans le compléter ni l'embellir.

Le projet adopté par la Commission nous paraît devoir répondre pleinement aux exigences de notre temps. C'est une éclatante consécration du génie humain à Celle par qui arrive à l'artiste qui l'implore, les effluves du génie et de l'inspiration : aussi le pieux et savant architecte qui a conçu cette œuvre en a-t-il fait le rêve de sa vie et y a-t-il mis tout son savoir et toute son âme.

Nous sommes reconnaissants envers nos aïeux du modeste oratoire que dans leur piété naïve et leur simplicité de goûts, ils ont élevé à la Vierge divine; l'auguste

Protectrice de notre Ville s'est contentée sans doute de ce modique hommage offert avec toute la sincérité du cœur ; mais aujourd'hui serait-on bien venu à nous blâmer de ce que, comblés de nouvelles grâces et de faveur signalées, nous avons eu la pensée d'ériger à côté de l'ancienne chapelle, notoirement trop exiguë, un monument en rapport avec notre état social et notre degré d'avancement dans les sciences et dans les arts ! Nous aussi, nous tenons à acquitter notre dette de reconnaissance envers notre divine Bienfaitrice, et à laisser en même temps un témoignage durable de la vivacité de notre foi et de la puissance d'action de notre époque.

Le monument projeté sera d'un effet saisissant.

· Sur l'entrée de la crypte, comme sur l'extrémité d'un promontoire élevé, se dressera fièrement, du côté de la Ville et accostée de deux tours octogones d'un galbe élégant, une majestueuse abside couronnée d'anges aux ailes déployées et assis sur les amortissements des contreforts. Cette idée ornementale est des plus heureuses ; ces anges, comme des gardes avancées, semblent veiller sur le sanctuaire de leur auguste Souveraine, tandis qu'à l'intérieur, dans le rond-point, des anges encore sont représentés à genoux supportant les retombées de la voûte et en contemplation autour de l'image sacrée.

Le caractère architectural de cette œuvre remarquable, qui est la glorification complète de la sainte Vierge, est entendu avec un sentiment exquis de cette destination. Tout y est dans un ton solennel, doux et grave. Point de lignes heurtées faisant tapage, point d'aiguilles ni de clochetons profilant leurs maigres découpures sur l'azur du ciel. La masse seulement, mais la masse se dessinant toujours dans une silhouette pure, tranquille et ferme, noble et harmonieuse dans ses contours. Telles sont les qualités saillantes de l'église projetée. L'ornementation est ici invariablement soumise à la ligne et à la masse ; elle ne choisit pas sa place elle-même ; elle attend, pour venir en prendre possession, qu'elle lui soit indiquée ; l'ornementation, en un mot, ne commande jamais : elle obéit, mais elle obéit avec docilité et intelligence, c'est-à-dire dans une juste mesure de l'effet qu'elle doit produire et de l'importance du rôle qui lui est assigné dans l'ensemble de l'œuvre.

C'est ce principe si simple en lui-même, appliqué à une sorte d'éclectisme dans l'art du moyen-âge et de l'antiquité, qui a permis à l'architecte du projet de produire un art nouveau, libre dans ses allures, inépuisable dans ses motifs de décoration, mais inexorablement soumis aux lois de l'harmonie et de l'unité. C'est ainsi que nous croyons pouvoir définir et analyser sommairement le style de la nouvelle église de Fourvière, qui étonne, séduit et captive les artistes les plus distingués et les gens les moins versés dans la connaissance des arts. Ce ne peut être certainement qu'un art admirable, celui qui sait ainsi se faire comprendre de tous et parler en même temps aux yeux, au cœur et à l'esprit.

Cependant, il faut bien qu'on le sache, le projet dont il

s'agit a rencontré des contradicteurs et une opposition que nous essaierons moins de combattre que d'éclairer et de convaincre. Nous pouvons, il est vrai, nous consoler de ce contre-temps, car l'œuvre a reçu l'approbation bien précieuse d'un prélat vénérable qui allie à d'éminentes vertus sacerdotales un sentiment si vif pour les arts ! Abritée sous ce haut patronage, la noble entreprise ne peut que réussir.

La Commission, par un sentiment qui l'honore, s'est abstenue de toute appréciation louangeuse de l'œuvre qu'elle livre au jugement du public. Or, comme nous faisons partie de ce public et non de la Commission, il nous est permis d'émettre nos idées sur le projet; il y a plus, c'est pour nous un devoir.

Nous comprenons autant que qui que ce soit le culte des souvenirs. C'est un sentiment que nous avons éprouvé bien des fois et défendu de toutes nos forces dans certaines circonstances ; aussi le respectons-nous généralement, sans pourtant en adopter toujours les conséquences quand il nous paraît poussé trop loin et tomber dans l'exagération.

Evidemment le moyen-âge n'aurait jamais songé à élever ses immenses cathédrales s'il se fût contenté des vieilles églises romanes et eût professé pour elles l'attachement fataliste que quelques personnes respectables professent aujourd'hui ouvertement pour la chapelle de Fourvière.

Cet attachement, nous le savons, est particulier surtout aux vieillards, qui ne vivent que de souvenirs, et voient avec peine s'opérer des changements dans tout ce qui peut leur rappeler les années d'enfance, de jeunesse et d'âge mûr. Il y a pour eux un certain prestige dans une foule de choses qui n'ont souvent d'autre mérite que celui de leur ancienneté même. En adoptant radicalement ce principe, nous nous condamnerions à une immobilité absolue ; et telle n'est pas la loi de l'humanité.

Aussi, la plupart des objections que nous avons entendu formuler contre les projets de la nouvelle église, nous ont-elles semblé empreintes d'une couleur un peu pessimiste.

Les partisans du vieux sanctuaire estiment que son périmètre restreint, loin de nuire à l'accomplissement du pélerinage, devient une cause de redoublement de ferveur qui se communique par le contact obligé que chacun subit bien malgré soi, par suite du peu d'étendue de la Chapelle ; — que ceux qui momentanément ne peuvent entrer et récitent leurs prières en plein air (non sans maugréer un peu contre la foule), ne désirent qu'avec plus d'ardeur le moment où ils pourront s'agenouiller devant l'image vénérée.

On comprend ce désir bien naturel, mais on nous permettra de ne le croire inspiré qu'en partie par le motif religieux, tant le sentiment du bien-être domine invinciblement notre pauvre nature humaine. Nous croyons au contraire que bon nombre de personnes s'abstiennent de gravir la sainte colline les jours de fêtes dans la crainte de ne pouvoir trouver place dans la chapelle et de s'y installer un peu commodément.

On redoute aussi que la magnificence de l'édifice projeté n'attiédisse le zèle pieux des fidèles et ne le change en un sentiment de simple curiosité, ce qui transformerait en véritables touristes de fervents pèlerins. On appréhende surtout que le nouveau sanctuaire, par ses dimensions colossales, ne paraisse désert à certains moments de la journée ; circonstance qui pourrait faire croire que la protection divine ne se manifeste plus à Fourvière d'une manière aussi efficace qu'autrefois en faveur de ceux qui viennent l'implorer.

Pourquoi cela ? demandera-t-on. Parce que, tout simplement, on aura construit une nouvelle et splendide église à côté de l'ancienne et mesquine chapelle.

Oui, on s'est imaginé que la sainte Vierge, pour cette seule cause, témoignera son mécontentement et prendra soin de jeter la défaveur sur un pèlerinage qui aura pour but de l'honorer sous le double titre de Notre-Dame-de-Bon-Conseil et de Vierge-Immaculée. On en est venu à supposer que notre Mère bien-aimée peut concevoir du dépit contre un surcroit d'affection de la part de ses enfants.

C'est une erreur de croire, nous le pensons du moins, que la vraie piété ne s'acquiert et ne se conserve qu'au milieu d'objets de dévotion, d'une naïveté parfois triviale, dont la vue excite le sourire plutôt qu'elle ne porte au recueillement, et dans un lieu de prières qui n'a rien de cette gravité religieuse que l'on aime à retrouver dans la Maison de Dieu.

La majesté du temple élève l'âme, les œuvres d'art parlent à l'esprit et l'éclairent ; telle sera l'impression que produira certainement la future église de Fourvière, dont les splendeurs ne peuvent que contribuer à donner au pélerinage une réputation européenne. La question d'art ne fera que grandir davantage l'auréole de respect et d'amour dont les Lyonnais se plaisent à environner leur glorieuse Patronne. Oui, sans doute, on viendra avec empressement et en foule admirer chez nous une belle église, mais de cette contemplation muette d'un chef-d'œuvre, il ne peut surgir que de salutaires pensées et de généreuses résolutions. On est toujours porté à rendre hommage à la puissance divine lorsqu'on la voit se manifester éclatante dans le génie de l'homme.

Les opposants au projet ne sont pas de cet avis. Trop attachés à leurs souvenirs, ils ne veulent pas tenir compte de la valeur artistique de l'œuvre qu'ils combattent, et lui dénient toute influence au point de vue religieux. On a proposé, en conséquence, pour agrandir la vieille chapelle, de reconstruire la nef de Saint-Thomas et de la prolonger par une abside circulaire autour de laquelle on pratiquerait une galerie extérieure ; puis d'établir des sacristies du côté du nord. — Que Dieu nous préserve de tous ces raccommodages qui ne donneraient pas encore à la chapelle le développement nécessaire pour la mettre en rapport avec les besoins réels du service, et ne réussiraient pas davantage à la doter de ce qui lui manquera toujours au point de vue de l'art, l'unité ! Qu'on se rappelle les sommes déjà dépensées dans les travaux antérieurs et les résultats qu'on a obtenus ! et l'on sera obligé de convenir qu'il serait imprudent de s'engager de nouveau dans des entreprises de ce genre, où l'on tourne constamment dans un cercle vicieux. Au reste, le remaniement proposé enlèverait au sanctuaire son dernier caractère d'antiquité qui doit le rendre précieux à ceux-là mêmes qui en préconisent l'agrandissement. Ce ne serait toujours qu'un assemblage incohérent de trois ou quatre styles particuliers dont le moins ancien par rang d'origine est précisément celui de la chapelle dédiée à la sainte Vierge.

On ne dépenserait, il est vrai, que quatre ou cinq cent mille francs dans cette reconstruction et c'est l'objection sérieuse que l'on oppose aux projets de la nouvelle église. Mais cette dépense faite, si l'on s'apercevait plus tard que l'on n'a remédié qu'incomplètement à l'insuffisance d'espace que tout le monde reconnaît à la chapelle actuelle, il faudra chercher encore un moyen d'en dilater l'enceinte et de consacrer dans ce but plusieurs centaines de mille francs et enfin de compte, après beaucoup de dépenses et de travaux, nous n'aurions à offrir à notre généreuse Bienfaitrice qu'un sanctuaire rapiécé et peu digne, ce nous semble, de la libéralité avec laquelle cette bonne Mère nous dispense ses dons et ses grâces.

Nous voudrions pouvoir convaincre certains contradicteurs du projet et leur faire partager nos idées. Mais com-

ment faire entendre raison sur ce point à des gens qui
paraissent convaincus que « rien ne pourrait émouvoir
« nos cœurs et nos sens autant que l'aspect humble et
« sublime de cette architecture sans nom, de ces ogives
« discordantes, de ces nefs boiteuses mais toutes em-
« preintes, toutes chargées des chiffres et des images de
« Marie. »

On voudra bien nous permettre de renoncer à une con-
version qu'il n'est pas en notre pouvoir d'opérer. Nous
étions loin de penser, néanmoins, que de vrais serviteurs
de Marie se seraient récrié sur la richesse du nouveau
sanctuaire à lui élever et demanderaient en grâce qu'on
lui arrangeât seulement une vieillerie d'une architecture
sans nom, sous prétexte que la Reine des intelligences ne
se complaît à recevoir nos hommages que dans un local
entièrement dépourvu d'art et de majesté. Nous ne sau-
rions partager cette opinion fatidique qui nous semble ap-
partenir à des croyances religieuses étrangères à notre
foi ; car nous ne supposons pas que l'on veuille comparer
sérieusement la chapelle de Fourvière à la *Santa-Casa*
de Lorette que l'on a eu le soin d'enfermer comme une
précieuse relique dans un vaste édifice en marbre.

Au surplus, si l'oratoire actuel, tout imparfait dans ses
lignes architecturales, insuffisant dans ses dimensions et
d'un goût si douteux dans ses restaurations modernes, a
pu acquérir quelque intérêt par suite seulement d'une
origine relativement récente , — quelle valeur et quel prix
l'édifice projeté n'aura-t-il pas aux yeux des générations

futures, lorsqu'un siècle ou deux se seront déroulés au-dessus de ses tours imposantes et lui auront constitué une histoire et des archives où le doigt de Dieu se sera plu à inscrire des évènements dont il ne nous appartient pas de prédire l'importance.

Ces considérations ne feront sans doute pas ouvrir les yeux aux partisans de la vieille chapelle dont les dispositions intérieures leur paraissent irréprochables. En effet, ils ne trouvent rien de mieux : la cohue même, à leur sens, a un charme secret qui excite à prier, mais ils se gardent bien de convenir que dans l'été on y est suffoqué par la chaleur et que le manque d'air indispose un grand nombre de personnes. Ils sont au contraire d'un rigorisme extrême pour l'aménagement de la nouvelle église ; tout est pour eux objet de blâme, et rien ne les satisfait (1). La crypte, par exemple, ne leur semble qu'une cave réservée pour asile aux pèlerins. Il y a, en un mot, chez les contradicteurs du projet, un parti pris tellement arrêté de le repousser d'une manière absolue que nous n'avons pas cru devoir répondre à beaucoup d'autres de leurs observations qui se réfutent d'elles-mêmes.

La crypte cependant, qui forme le complément obligé de la nouvelle église, était d'une nécessité si évidente, que

(1) Nous nous trompons. Ils font un grand éloge des dessins, et en cela ils ont raison. Ce sont, en effet, des chefs-d'œuvre de délicatesse de trait et de mise en couleur. Si la composition originale, due au crayon de M. Bossan, est une création ravissante, elle est devenue magique sous la main de M. Giniez.

si l'on n'eût pas songé à l'établir c'eût été un oubli impardonnable. Dans cette nef secondaire, parfaitement éclairée de chaque côté par une rangée de charmantes petites fenêtres qui prennent jour au-dessus du soubassement de l'édifice, se trouve la chapelle de saint Joseph. C'était bien le moins que dans une église toute consacrée à la Vierge Marie on eût réservé une place convenable pour le culte d'un Saint dont la vie s'est écoulée dans la douce société de la Mère du Sauveur.

On sait, du reste, quelle extension a prise de nos jours la dévotion à saint Joseph et quelle affluence elle attire vers l'autel de ce puissant Protecteur des familles. Il était donc indispensable de donner à cette chapelle basse un développement important. De plus, le symbolisme devait trouver matière à son langage imagé.

L'église inférieure figure en effet la vie terrestre, humble et cachée de la maison de Nazareth, tandis que l'église supérieure peut se comparer à la Jérusalem céleste, séjour de gloire et de triomphe de cette Vierge, objet de la prédilection divine, et qui est devenue la Reine des Puissances célestes par son humilité et sa pureté.

Cette crypte, si vivement controversée, a donc, non seulement sa raison mystique, mais encore sa raison structurale, puisqu'elle est impérieusement commandée par la déclivité du sol sur lequel on doit asseoir le futur édifice, dont elle forme en réalité le vaste soubassement.

Pour bien se rendre compte, au surplus, de la nécessité de cette disposition et de l'importance que l'architecte paraît y attacher, il est nécessaire de comprendre la pensée intime qui a dû guider l'artiste dans ce vaste travail. Or, cette pensée, sans nul doute, a été de concevoir une œuvre qui rappelât aux générations à venir et comme dans une magnifique page, la vie de cette Vierge prédestinée que les siècles ont proclamée Bienheureuse.

Tout ce qui est relatif, dans l'Ecriture sainte de l'Ancien Testament, à l'avènement de cette Eve libératrice brisant la tête du serpent; tout ce qu'on nomme habituellement la figure sera représenté tout autour de l'édifice et à l'extérieur, comme on en peut juger déjà par les dessins. Mais la lettre, c'est-à-dire ce que l'on désigne comme l'accomplissement des prophéties, sera entièrement rappelé dans l'intérieur.

Les titres de reine de la Fille de David viendront embellir l'intérieur du sanctuaire par de magnifiques peintures murales. On la verra trôner successivement au milieu des Anges, des Patriarches, des Prophètes, des Apôtres, des Martyrs et des Vierges. Les deux faces latérales de la nouvelle église, divisées chacune en trois travées, seront spécialement affectées à cette représentation triomphale.

Mais ces richesses artistiques n'exclueront pas du temple les modestes offrandes qui en tapissent ordinairement les murs. Les ex-voto trouveront leur place soit dans l'ancienne chapelle entièrement respectée par les plans projetés, soit dans la nouvelle église, qui aura une disposition spéciale pour ces objets de la dévotion populaire.

Nous le disons hautement, cette œuvre qui nous paraît
une rénovation complète dans l'art religieux sera, par la
noblesse de son style, par son esthétique savante et la
richesse de sa décoration, un des plus beaux poèmes à la
gloire de Marie que main d'homme lui ait dédiés. Enseignement artistique, enseignement religieux, tout sera
réuni comme à souhait dans cette somptueuse composition
qui n'aura pas son égale.

Mais cette église, objecte-t-on, grande comme une ca-
thédrale, coûtera des sommes fabuleuses, quelque chose
comme plusieurs millions; et n'est-il pas à craindre qu'une
pareille entreprise ne vienne amoindrir les ressources
d'une foule de bonnes œuvres ?

Nous ignorons, il est vrai, ce que cette église coûtera,
mais nous avons la certitude que sa construction ne por-
tera préjudice à aucune des œuvres de charité dont notre
ville s'est fait le monopole. L'œuvre de Fourvière est éga-
lement une bonne œuvre et une belle œuvre, et à ce titre
nous croyons que la Providence divine ne lui fera pas plus
défaut qu'à beaucoup d'autres. Et d'ailleurs, les œuvres
d'art opèrent aussi quelquefois des prodiges ; elles ont le
privilége de passionner la foule et d'éveiller dans le
peuple ce sentiment instinctif de générosité inépuisable
qu'il met toujours au service d'une grande idée. Que l'on
se rappelle, à cet égard, la fondation de la Propagation
de la Foi à Lyon, dont l'initiative sublime appartient
exclusivement à quelques pauvres ouvrières!

Dans tous les cas, la dépense ne doit être une charge

obligatoire ni pour le budget de la Ville, ni pour celui de l'Etat, bien que l'œuvre soit prête à accepter avec reconnaissance les libéralités et l'appui bienveillant du Pouvoir ; il n'y aura, par le fait, que des contribuables volontaires. On a le droit de s'étonner, par conséquent, que des personnes à qui l'entreprise peut ne pas coûter un centime, se croient obligées de prescrire telle ou telle réduction de dépenses dans l'exécution du projet et en blâment vertement l'importance, comme si ce devait être une affaire où leurs propres intérêts fussent inévitablement engagés.

Ce serait un malheur pour l'art en général et une honte pour nous si l'on cédait à ces mesquines considérations d'économie, qui s'attachent fatalement, à Lyon, aux grandes et belles choses. Il est de la dignité de la seconde ville de France de ne pas rester trop en dessous de Marseille, sa rivale, qui ne recule devant aucune dépense dans la construction du sanctuaire de Notre-Dame-de-la-Garde, où sont employés à profusion les marbres rares et les métaux précieux.

La Commission de Fourvière a la bonne fortune d'avoir entre les mains une œuvre incomparable : son devoir est de la faire exécuter telle que l'architecte l'a conçue, car elle en doit un compte sévère à la postérité, et si elle manquait à la mission qu'elle s'est donnée elle encourrait la réprobation des siècles à venir. Notre ville, au surplus, compte assez peu d'édifices remarquables. Un sanctuaire monumental à la sainte Vierge ne nous semble pas de trop, dans notre pénurie d'œuvres grandioses et artistiques, pour nous relever de la déchéance dans laquelle nous a fait tomber, aux yeux des étrangers, cette réputation proverbiale de parcimonie sordide et de béotisme dont, à tort ou à raison, on nous a si libéralement gratifié. Nous avons une belle occasion de nous réhabiliter, il y va de notre amour-propre national de ne pas la laisser échapper.

La Commission, d'ailleurs, ne se présente pas les mains vides. Elle est en possession de tous les terrains et dépendances nécessaires pour recevoir le nouvel édifice ; le service des intérêts de sa dette et l'amortissement de celle-ci dans peu d'années sont assurés par les revenus qu'elle perçoit de deux passages conduisant à Fourvière (1). Certes, on ne peut que la féliciter sur la manière active, persévérante, ferme et loyale avec laquelle elle a conduit toutes ces opérations préliminaires ; on doit aussi lui rendre justice de la déférence qu'elle montre envers l'opinion publique, et des précautions dont elle s'entoure pour que l'œuvre qu'elle poursuit arrive à bonne fin et réponde pleinement à l'attente générale, ménageant, dans cette intention et d'une façon délicate, toutes les susceptibilités d'artistes, d'antiquaires, d'archéologues et de paysagistes, dont il est assez difficile, d'obtenir l'assentiment unanime.

Mais voici venir encore d'autres griefs à l'adresse du projet.

(1) Voir le Compte-Rendu de la Commission de Fourvière, en date du 17 mars 1866.

On blâme le parti de « quatre tours égales et grêles qui
« (de l'avis d'un critique), ne sont pas une innovation
« heureuse, car, de loin, l'aspect de la face latérale de
« l'église ressemble à celui d'une *habitation particulière*
« qu'on aurait voulu convertir en une sorte de manoir
« féodal. »

On peut contester la justesse de cette assertion au point
de vue purement plastique, mais on devra en être surpris
en ce qui touche la question de mysticisme lorsqu'on saura
qu'elle est formulée par un écrivain qui définit Fourvière :
« *une citadelle spirituelle.* »

L'architecte, selon nous, avait deux raisons déterminan-
tes pour adopter ce parti. La raison mathématique, c'était
de donner un large empattement à la construction dans
ses points essentiels, puis, d'obtenir des dégagements in-
térieurs et des dépendances dont on ne pouvait se passer
et que réclamaient hautement les exigences du service.
La raison mystique, c'est que les tours sont prises au
figuré comme l'emblème de la force, de la puissance et
de la sécurité. Elles sont spécialement désignées dans
les litanies de la sainte Vierge. Or, le sanctuaire de
cette bonne Mère ne pouvait se passer d'un signe qui ca-
ractérise si bien l'appui constant de sa protection et la
sécurité dont on jouit au pied de ses autels.

On ne tient pas compte non plus de l'effet indicible que
produiront, flottant au gré du vent, sur les quatre tours
de son palais futur, les étendards de la Reine des Cieux.
Ce signe protecteur, qui est en même temps l'indice de

la puissance et de la souveraineté, se montrera au loin au voyageur fatigué qui dirige ses pas vers l'asile béni où l'on retrouve la tranquillité d'esprit, la paix du cœur, le calme de l'âme, heureuse de s'être réconciliée avec son Dieu.

Nous n'acceptons qu'avec réserve l'opinion qui affirme que les proportions de l'abside et des tours sont trop grêles. C'est là une appréciation individuelle qui nous semble au moins hasardée et que les examens antérieurs des plans par une Commission d'architectes n'ont pas confirmée. Nous reconnaissons au contraire qu'il y a dans ces parties d'architecture une ampleur de formes et une fermeté étonnantes produites surtout par l'ornementation puissante des couronnements. Les contrastes et les oppositions paraissent avoir été étudiés d'une manière attentive et avec un sentiment exercé de leurs effets. Nous croyons donc, contrairement à l'avis de ces mêmes critiques, que les plans de la nouvelle église, loin d'être *inapplicables à Fourvière*, ont été conçus dans une donnée qui cadre admirablement avec le site où le nouveau sanctuaire doit s'élever.

A ceux qui craignent que le monument n'écrase la colline, on a fait observer avec raison que les Romains, qui possédaient à un degré éminent le sentiment des masses et des effets de perspective, avaient élevé, sur l'emplacement que doit occuper la nouvelle église, le Forum de Trajan, dont l'ordonnance devait avoir au moins l'importance du projet et se détachait au milieu des constructions basses des habitations romaines qui ne pouvaient en dissimuler ni en tempérer les dimensions.

La Commission semble avoir prévu d'ailleurs les appréhensions qui ont pu se produire à ce sujet, et elle y répond complètement dans l'exposé de son rapport. Elle déclare, en effet, qu'elle ne reculera, s'il le faut, devant aucun essai préalable, tel que plan en relief à une échelle suffisante, jalonnement sur les lieux mêmes du périmètre à construire ou autres épreuves analogues.

Nous sera-t-il permis d'ajouter en terminant que l'expérience éprouvée de l'architecte et son talent bien connu doivent dissiper toute crainte dans l'esprit de bon nombre de personnes.

Il serait difficile d'ouvrir une enquête plus loyale et plus complète. Aussi, en présence de tant d'abnégation et d'un si grand désir de procéder avec toute la réserve et toute la prudence convenables, doit-on chercher, ce nous semble, à rendre à la Commission sa tâche moins ardue et lui témoigner quelque sympathie pour le zèle qu'elle déploie dans une œuvre qui doit être, en définitive, le sublime ex-voto de la reconnaissance du pays envers la divine Protectrice de notre chère cité.

www.ingramcontent.com/pod-product-compliance
Lightning Source LLC
LaVergne TN
LVHW051337200726
843510LV00002B/673